LETTRE

A

UN ÉLECTEUR

DE DÉPARTEMENT.

AVERTISSEMENT.

CETTE Lettre, dont la première édition a paru il y a huit jours, a été publiée telle qu'elle avait été adressée à un électeur influent d'un de nos départemens les moins avancés. Elle renfermait plusieurs négligences que l'auteur n'y aurait sans doute pas laissées, si, primitivement, il l'avait destinée à l'impression. On a tâché de rendre cette seconde édition moins indigne de l'accueil du public. Des fautes grossières de typographie ont été corrigées ; on a modifié quelques expressions qui manquaient peut-être de mesure et de justesse, et l'on a ajouté quelques développemens nouveaux qui rendent l'ouvrage plus clair, plus complet et plus utile.

LETTRE

A

UN ÉLECTEUR

DE DÉPARTEMENT.

PAR B. C. DUNOYER,

ANCIEN AUTEUR DU CENSEUR, ÉLECTEUR DE PARIS.

> LES électeurs sont encore les maîtres des élections.
>
> Tâchons surtout de trouver des gens qui ne veuillent pas se faire du gouvernement une ressource.

DEUXIÈME EDITION,
REVUE ET AUGMENTÉE.

PARIS,

ALEXANDRE CORRÉARD, LIBRAIRE,

PALAIS-ROYAL, GALERIE DE BOIS, N° 258.

1822.

LETTRE

A

UN ÉLECTEUR

DE DÉPARTEMENT

Je ne sais pas, mon cher Monsieur, si certains de vos collègues ont encore bien senti toute l'importance de leurs fonctions. J'ai peine à croire que s'ils en avaient une juste idée, ils ne missent pas plus d'empressement à se faire porter sur les listes électorales et à s'assurer la jouissance de leurs droits. Ces électeurs insoucians n'ont donc pas encore fait attention que, dans un gouvernement comme le nôtre, c'est du corps électoral que tout part; que c'est en lui que réside positivement, sinon la direction matérielle, du moins la direction morale des affaires? Il est pourtant bien aisé de voir que la majorité des chambres sort du sein des colléges électoraux, et que le ministère doit nécessairement sortir de la

majorité des chambres. Le Roi choisit les ministres, il est vrai ; mais comme le ministère ne
peut rien faire sans l'aveu de la majorité, il est
visible que c'est dans la majorité que le Roi
doit le prendre, ou du moins qu'il est obligé de
le composer d'élémens analogues à ceux de la
majorité que les colléges ont élue. Il est encore
vrai que le Roi peut casser cette majorité ; mais
c'est pour en appeler à des élections nouvelles,
pour mieux connaître le vœu des électeurs, de
sorte qu'en définitive c'est toujours le choix des
électeurs qui détermine celui du Roi et qui dé-
cide de la composition et de la conduite du ministère. Il est donc bien vrai que tout part des
électeurs, comme je l'observais tout à l'heure, et
que c'est très-réellement aux 60 ou 80 mille contribuables dont se composent les colléges électoraux qu'appartient la direction morale des
affaires du royaume.

Je n'examinerai pas, Monsieur, jusqu'à quel
point il a pu être juste et utile, dans un pays
de trente millions d'habitans, de réduire à ce
point le nombre des citoyens ayant droit de
suffrage. Ce n'est pas là l'objet des réflexions
que je vous adresse. Tout ce que je prétends
dire pour l'instant, c'est que, maîtres de la composition de la majorité des chambres, les élec-

teurs le sont évidemment de la conduite des ministres, et que, par conséquent, le sort de notre pays dépend entièrement du bon ou du mauvais emploi qu'ils font de leur prérogative.

A la vérité, vous pourrez me demander s'il est bien certain que ce soient les électeurs qui élisent les députés, si ce ne sont pas plutôt les ministres, et si la direction morale dont je parle, au lieu de partir de la base, ne part pas plutôt du sommet, si les ministres n'imposent pas leurs volontés à la France au lieu d'en recevoir des directions ?

Comment douter, me direz-vous, que le ministère et le parti qui l'a élevé ne soient les maîtres absolus des élections qui vont se faire ? Ce parti a fait attribuer à 20 mille électeurs, sur environ 80 mille, le droit d'élire 172 députés, sur un peu plus de quatre cents ; non content de donner ainsi à un quart des électeurs le droit de nommer plus des deux cinquièmes de la chambre, il a fait accorder encore à ce quart le droit de concourir à l'élection des trois cinquièmes restans ; il a scindé et morcelé les colléges ; il a déterminé la circonscription des colléges d'arrondissement de manière à en écarter le plus possible d'électeurs ; il s'est ménagé, par la diminution de l'impôt

foncier, le moyen de diminuer encore le nombre des électeurs des petits colléges ; il a la
formation des listes et le jugement des contes-
tations auxquelles elle peut donner lieu ; il
nomme les présidens et vices-présidens ; il élit,
par eux, les bureaux provisoires ; il est chargé
de la disposition des salles, et cette disposition
peut être telle qu'il sera comme impossible à
l'assemblée de surveiller les opérations du bureau, même avant qu'elle l'ait renouvelé et investi de sa confiance ; il est chargé de la disposition des tables, et cette disposition peut être
telle encore que les électeurs, à qui l'on a im-
posé l'obligation d'écrire leur vote sur le bureau,
ne pourront dérober les noms qu'ils écriront aux
regards du président ou des scrutateurs ; d'ailleurs, s'ils cherchent à mettre du secret dans
leur vote, ils seront suspects de trahir les vœux
du pouvoir ; ils seront menacés d'encourir sa
disgrâce ; s'ils ont des places, ils ne seront pas certains de les conserver ; si leurs parens en ont,
ils feront peut-être destituer leurs parens ; enfin,
n'eussent-ils et ne voulussent-ils avoir d'emploi
ni pour eux ni pour aucun des leurs, ils ne
seront pas sûrs encore de ne pas se nuire ; nous
avons tous, à chaque instant, des rapports obligés avec l'administration, elle peut nous atteindre de mille manières : si l'on s'aperçoit qu'ils

repoussent ses candidats, ne pourront-ils pas craindre de se voir perpétuellement gênés, contrariés par elle? Ajoutez à cela, continuerez-vous, que le parti régnant, maître de l'administration générale, l'est, par cela même, d'une multitude d'autres moyens d'agir sur les élections : il a des milliers d'agens répandus dans toutes les circonscriptions électorales; le trésor, les postes, les télégraphes, sont à ses ordres; il peut donner les plus grandes facilités aux électeurs qui votent pour lui, susciter toute sorte d'obstacles aux électeurs qui lui sont contraires; il peut recommander ses candidats au nom du Roi, diffamer sans trop de péril, les candidats de ses adversaires, etc. Vous n'êtes pas sûr, et vous ne prétendez pas dire qu'il usera de tous ces moyens, mais ne fît-il usage que de ceux qui ont un caractère légal, ils sont assurément assez nombreux, ajouterez-vous en finissant, pour lui donner dans les élections les plus grands avantages.

Je vous accorde tout cela, Monsieur. Je conviens avec vous que le parti qui a obtenu la loi électorale du 29 juin, et qui, en outre, est en possession du ministère, et de toutes les ressources que donne une telle position, se présentera dans les colléges qui vont s'ouvrir avec

d'immenses et très-injustes avantages. Cependant, je dois vous le dire, je ne suis pas du
tout convaincu qu'il soit matériellement le maître
des élections ; je crois que les électeurs le sont
encore ; et si la majorité des 6o ou 8o mille
contribuables dont se composaient originaire-
ment, et dont se composent encore, en très-
grande partie, les colléges électoraux, pense
que la tranquillité, la liberté, la prospérité de
ce pays sont véritablement compromises par le
parti qui a réussi à s'emparer du gouvernement
et à dénaturer nos principales institutions, je
crois qu'il n'est ni double vote, ni morcellement
des colléges, ni aucun des autres artifices que le
parti a imaginés qui puissent empêcher cette
majorité de l'expulser du corps - législatif et de
lui enlever la direction des affaires.

Convenons d'abord d'une chose, c'est que le
corps des électeurs, considéré en masse, ne
peut pas avoir beaucoup moins de force qu'il
n'en avait dans le système précédent. Dans le
nouveau système, il est vrai, les électeurs ne
votent plus ensemble au chef-lieu : ils sont di-
visés en autant de colléges qu'il y a d'arron-
dissemens électoraux, et dans cet état de divi-
sion, ils ont plus de peine à se défendre contre
les intrigues du parti dominant ; mais s'ils sont

plus soumis à l'influence du parti dominant, ils le sont davantage, par la même raison, à l'influence du parti dominé, et il est évident que l'effet de la mesure est le même pour les deux partis. Il n'y a donc pas pour nous de désavantage réel à voter par arrondissement, ou du moins s'il y a du désavantage pour nous, il n'y en a pas moins pour nos adversaires, dont les forces sont divisées aussi bien que les nôtres, et dans tous les cas, les choses restent égales entre eux et nous. Certains chefs-lieux d'arrondissement électoral ont été, dit-on, placés à dessein loin des points où se trouvaient le plus d'électeurs : mais de quelque manière que les circonscriptions aient été faites, il me paraît difficile que les électeurs aient plus de chemin à faire pour se rendre aux élections, maintenant qu'ils votent par arrondissement, que lorsqu'ils votaient dans un seul collége, et qu'ils étaient obligés de s'y rendre de tous les points du département. Enfin, si le dégrèvement de la contribution foncière a permis d'écarter un certain nombre d'électeurs, la loi du 29 juin, en accordant aux veuves le droit de transférer leurs contributions à l'un de leurs fils ou de leurs gendres, en a introduit dans les colléges un certain nombre d'autres qui n'auraient pas pu s'y trouver sous la loi du 5 février, et je ne crois pas que le nombre total actuel des électeurs du royaume soit très-inférieur à ce qu'il était sous cette dernière loi. Je ne vois donc, Monsieur, aucune solide raison de penser que le corps électoral, dans son état actuel, et depuis qu'il vote par arrondissement, ait moins de force que lorsqu'il votait par département, qu'il soit moins libre d'avoir une volonté et de la faire paraître. Si ses opérations ont été d'abord faibles et timides, cela a tenu à la disposition des hommes beaucoup plus encore qu'aux vices de l'institution, et la preuve, c'est que nous avons vu les mêmes électeurs, dans une autre situation d'esprit, faire des élections toutes différentes.

Vous me direz sans doute que lorsque *le corps entier* des électeurs a manifesté son vœu dans les colléges d'arrondissement, ce vœu de *la majorité du corps électoral entier*, qui ne devrait, ce semble, rencontrer aucun obstacle, peut être cependant très-puissamment contrarié par une petite fraction de ce même corps, par un quart à peu près des électeurs, lequel quart, après que *le corps entier* a nommé ses 258 députés, peut en jeter 172 de plus dans la chambre, et renverser ainsi toutes les proportions, enlever la majorité à qui *le corps entier* l'avait donnée, la donner à qui il n'avait pas jugé digne de sa confiance..... Je sais, Monsieur, qu'une très-faible minorité est en effet investie de ce pouvoir exorbitant. C'est une injustice grave envers la majorité du *corps entier* des électeurs, une injustice que la nation, je crois, a vivement ressentie, à laquelle je ne crois pas qu'elle se soit résignée et qu'elle conserve sans doute l'espérance de voir réparer dans une de nos prochaines législatures. Cependant, Monsieur, en convenant d'une injustice aussi patente, je ne dois point dissimuler deux circonstances qui me semblent l'affaiblir un peu, et devoir en rendre les conséquences moins fâcheuses. D'un côté, la fraction qui a le privilége d'élire à part, après avoir élu avec tout le monde, n'est point, ou du moins ne doit point être un corps choisi, trié, épuré; d'après la loi, elle se compose indistinctement de tous les plus forts contribuables, et il n'y a pas positivement de raison pour qu'elle soit d'un parti plutôt que d'un autre : la preuve, c'est que, tandis que dans certains départemens elle vote d'une manière, elle vote d'une manière différente dans d'autres localités. Il est pourtant vrai de dire qu'en général elle tend avec force à rompre la majorité que le corps entier des électeurs voudrait former ; mais cela tient à l'état actuel de la population plus encore qu'à la disposition de la loi ; et si, par impossible, cette loi était maintenue, on verrait sans doute, à mesure que l'instruction se répandrait, à mesure que les fortunes industrielles se multiplieraient davantage dans les départemens, et que les colléges des principaux contribuables seraient composés d'élémens plus analogues à ceux du corps entier des électeurs, on verrait, dis-je, probablement le vœu de ces petits colléges privilégiés se rapprocher davantage de celui de la majorité du corps électoral. Enfin, et c'est ici la seconde circonstance favorable, il est vrai de dire que le corps entier, votant par arrondissement, reste encore chargé de l'élection de la majorité des députés, puisqu'il en élit 258 sur 430, 86 de plus que la fraction privilégiée des principaux contribuables ; et s'il ressent comme il le doit l'injure qu'on lui a faite en accordant ainsi à une petite portion de ses membres le droit de contrarier son vœu ; s'il est bien convaincu d'ailleurs que cette fraction de lui-même fait des choix contraires aux véritables intérêts du pays, il lui est encore possible d'arrêter ce désordre en usant de toute sa prérogative pour donner la majorité à ses députés.

Je persiste donc à croire, Monsieur, qu'en dépit de la loi du 29 juin et de celles qui lui ont servi de complément, la majorité du corps électoral, tel qu'il existait sous la loi du 5 février, est encore maîtresse des élections, et qu'elle peut, si elle le veut bien, recouvrer son ancienne prépondérance dans le gouvernement et dans les chambres.

Après cela, me parlerez-vous des difficultés de détail qu'elle y éprouverait quand elle en aurait le désir ? Je ne sais si ces difficultés sont bien réelles ; mais assurément elles ne sont point invincibles. Les conditions à remplir pour être électeurs sont claires et précises, et quiconque les réunit véritablement est assuré, quand il en veut réellement prendre la peine, de se faire porter sur les listes électorales ; mais il faut savoir ne pas se décourager à la première difficulté ; il faut être capable d'un peu de persistance ; il faut, si l'on éprouve quelque injustice, recourir avec force à la plainte, à la tribune, à la publicité ; il ne suffit pas d'avoir du zèle pour soi, il faut en avoir pour les autres ; il faut stimuler les électeurs en retard ; il faut s'assurer si les listes sont fidèles et complètes : l'administration rend-elle cette vérification difficile ? il faut tâcher de la rendre aisée, en livrant soi-même les listes à l'impression. Craint-on l'infidélité des bureaux ? mais on a, dans tout parti, comme l'observait dernièrement un journal (*le Courrier*), un moyen bien simple de contrôler leurs opérations, c'est de faire deux bulletins, et de jeter dans un vase à part le double de celui qu'on a déposé dans l'urne électorale. Craint-on l'espèce de publicité donnée au vote par la disposition des tables ? mais il n'y a pas de disposition de tables qui puisse empêcher un électeur de dérober, s'il le veut bien, les noms qu'il écrit, sans y mettre même beaucoup d'affectation. Et d'ailleurs faut-il donc un si grand courage pour être de son parti et oser avouer les hommes qu'on croit véritablement dignes de sa confiance ? Je vous confesse, Monsieur, que si j'étais dans le cas d'être élu député, je ne me trouverais pas fort honoré de l'être par des électeurs qui rougiraient de mon nom et qui l'écriraient d'une manière furtive et presque frauduleuse. On craint de se rendre l'administration contraire, dites-vous ? Le vrai moyen de se la rendre favorable c'est de faire de bonnes élections, et non de choisir pour lui plaire des hommes qui pourraient lui servir à tout opprimer. C'est avec ces lâches complaisances qu'on ruine et les affaires publiques et ses propres affaires. Vous croyez, libéral honteux, vous la rendre propice en lui immolant vos principes et votre conscience? erreur grossière : elle connaîtra, soyez-en sûr, vos vrais sentimens, et elle se gênera d'autant moins pour vous en punir, qu'elle saura qu'elle a affaire à un homme pusillanime qui n'ose conformer sa conduite à ses opinions. Mais, je suis sans industrie, dira quelque électeur; j'ai peu de fortune, il me faudrait une place.... Ah ! vous êtes libéral, et vous voulez une place, et vous seriez capable de trahir votre conscience pour l'obtenir ! Allez, M. l'électeur libéral, vous avez pris un rôle au-dessus de vos forces ; allez voter avec ce groupe de ventrus. — Mais je suis placé, dit un autre, j'ai de la famille, et si j'ose élire le candidat pour lequel je vote au fond de mon cœur, ma place pourrait bien.... Le moyen le plus sûr, sinon de la conserver, du moins de la recouvrer bientôt pour ne plus vous la voir ravir au profit d'un autre, c'est d'oser être de votre avis D'ailleurs, il faut savoir se résigner aux inconvéniens inséparables de sa condition. Vous devez savoir que les places sont une industrie un peu chanceuse par le temps qui court. Tant de gens en ont eu ! tant de gens en veulent avoir ! On en possédait une hier, on ne l'a plus aujourd'hui. C'est un bien qu'on se dispute, qu'on s'arrache et qu'on s'arrachera sans cesse jusqu'à ce qu'enfin le public, plus instruit et moins bénévole, saura choisir des députés capables de prendre le grand parti, le seul parti capable de terminer nos discordes, le parti de rogner le budget, de supprimer les places, beaucoup de places, et de supplier respectueusement le Roi de renvoyer dans leurs terres, dans leurs ateliers, dans leurs cabinets, les ambitieux de tout état qui se les disputent. Si donc vous avez une place, jouissez-en comme pouvant la perdre, élevez vos enfans pour une meilleure industrie ; mais d'abord osez voter selon vos lumières et votre conscience : en ne consultant que les intérêts du public, vous serez sûr au moins de ne pas travailler pour vos ennemis.

Vous voyez, Monsieur, que les électeurs n'ont réellement pas devant eux d'obstacle très-difficile à surmonter, et qu'ils sont bien les maîtres des élections, s'ils le veulent être. Je leur demande trop, m'avez-vous dit ? Je leur demande un peu de sens et de courage ; je leur demande d'avoir une opinion et d'oser l'avouer : est-ce donc trop exiger d'une nation qui veut être libre, d'une nation qui vante sans cesse ses lumières et sa fermeté ? Quoi ! dans une population de 3o millions d'habitans, et en s'adressant à la partie de cette population qu'on doit supposer la plus industrieuse, la plus éclairée, la plus morale, la plus forte, on ne trouvera pas, après trente ans d'expérience et de débats publics, une quarantaine de mille hommes (c'est la majorité du corps électoral) qui aient une idée nette de ce qu'on doit attendre de tout bon gouvernement, et assez de courage pour faire des choix conformes à cette idée, alors même qu'aucune terreur raisonnable, aucune contrainte matérielle ne viendra enchaîner leur libre arbitre? Eh, Monsieur, quelle idée me voulez-vous donner de notre pays, et à quelle condition, vous-même, supposez-vous qu'il peut être libre? Eut-on jamais de véritable liberté sans un peu de lumières et de courage? En peut-on avoir plus même que ne le comporte l'état des mœurs et de l'instruction? Il est possible sans doute qu'un gouvernement n'abuse pas autant qu'il le pourrait des vices, de la faiblesse, de l'inexpérience d'un peuple; il est possible même qu'il n'exerce aucune sorte de violences sur lui : en conclurez-vous que ce peuple est libre? il ne l'est pas, puisqu'il ne l'est que par tolérance; il ne l'est pas, puisqu'on pourrait impunément le fouler aux pieds. Un peuple ne possède de liberté que celle qui est en lui-même, comme il

2

n'est jamais esclave que tout juste autant qu'il le veut.

Enfin, mettez qu'il faille, en effet, aux électeurs, du zèle, de la persévérance, de l'énergie, pour réformer la majorité actuelle de la chambre des députés, s'ils la croient mauvaise : en faudrait-il moins pour faire une révolution, dites-moi ? Que pourraient signifier des menaces de révolte dans un pays où l'on n'oserait pas même user de ses droits reconnus et consacrés ; où l'on craindrait d'avouer des sentimens légitimes et honorables ; où l'on renierait en public les gens qu'on estimerait en secret ; où, avant de donner son suffrage à un honnête homme, on regarderait si la table est assez large, et si l'on est assez loin de tous les regards ? Je sais qu'on trouve par le monde de ces fanfarons de révolte, qui parlent toujours de tout culbuter et qui n'osent rien faire de ce que les lois permettent. Je crois bien que, par leurs lâchetés quotidiennes, et à force d'applanir toutes les voies au despotisme, ils pourraient finir par rendre une révolution inévitable ; mais assurément ce n'est pas eux qui seraient capables de l'opérer. Je suis convaincu, Monsieur, que les révolutions violentes sont presque toujours un signe d'ignorance, de faiblesse et de corruption. Quand un peuple sait son devoir et connaît un peu ses droits, il n'a pas besoin de s'insurger tous les matins pour empêcher qu'on y porte atteinte : il est rare qu'il ne trouve pas dans ses institutions quelque moyen de les faire respecter; et s'il ne sait pas même tirer parti des institutions qu'il a, il fait assez voir qu'il serait incapable de s'en donner de meilleures, et surtout d'en profiter. Je sais que la loi du 29 juin a beaucoup diminué nos moyens légaux de défense; mais enfin il nous est encore plus aisé de nous sauver par les moyens qu'elle nous laisse que par la sédition, et si nous ne sommes pas capables d'élire des députés, nous ne sommes capables de rien. Le corps entier des électeurs possède encore, en dépit du double vote accordé à quelques-uns de ses membres, la nomination de la très-grande majorité des députés : s'il veut se mettre franchement en possession de ses droits, et les exercer dans toute leur latitude, il peut, en deux élections, expulser de la chambre la majorité qu'un odieux privilége y a introduit. C'est à lui de voir seulement si les intérêts du pays lui conseillent cette conduite; c'est à lui de juger s'il peut, sans péril pour le repos, la liberté, la prospérité du plus grand nombre, laisser la direction des affaires au parti qui s'en est emparé. Examinons impartialement l'ensemble de sa conduite.

La première attention, le principal soin des hommes de ce côté de la nation, c'est de se présenter, en toute rencontre, comme les amis, les soutiens de la religion. On pourrait peut-être attribuer ce zèle à la politique; j'admets qu'il a sa source dans la conviction; je veux que les défenseurs des Turcs soient des chrétiens de très-bonne foi; que les opposans à l'émancipation des Irlandais soient de très-sincères catholiques; que ceux qui repoussaient, l'année dernière, une pétition contre l'impôt immoral de la loterie, en disant que si le gouvernement avait besoin de religion et de morale, il avait aussi besoin d'argent, je veux, dis-je, que ces hommes soient véritablement dévoués à la cause de la religion et de la morale; je suppose, en un mot, qu'en toutes choses, le parti n'a rien plus à cœur que les intérêts du ciel et de la religion. Cependant, faut-il savoir encore s'il les sert bien par ses mesures.

Qu'est-ce donc qu'il a fait pour les servir?

Il a fort accru, comme vous savez, le nombre des siéges épiscopaux;

Il a élevé le nombre des ecclésiastiques à soixante-six mille (1);

Il n'a pourtant pas trouvé moyen de donner des desservans à toutes les paroisses qui en manquaient; mais il a envoyé une foule de missionnaires prêcher dans des églises qui avaient déjà leurs pasteurs;

Il a rétabli la perpétuité des vœux monastiques;

Sous ses auspices, le nombre des couvens s'est élevé déjà à plus de quatre cents (2);

Il a investi ces établissemens du droit de recevoir à titre gratuit, et d'acquérir à titre onéreux;

Il a multiplié les congrégations et les confréries;

Il a institué, aux frais du trésor, pour un million de bourses gratuites dans les séminaires;

Il a donné la direction de l'enseignement au clergé;

Il a affranchi les corps enseignans religieux de la dépendance de l'autorité séculière, et a

(1) Discours de M. Daru à la chambre des pairs. (Voy. le *Courrier Français* du 28 janvier 1822).

(2) Voy. le *Courrier Français* du 18 février 1822.

laissé tous les autres sous le joug de cette auto-
torité ;

Il a publié vingt-cinq cathéchismes , dont
treize recommandent de payer la dîme et douze
ordonnent de reconnaître pour chefs les anciens
seigneurs de paroisse ;

Il a voulu que les hommes de toutes les
croyances et de toutes les incrédulités concou-
russent aux frais du culte catholique ;

Il a établi des peines contre quiconque ne chô-
merait pas les fêtesde ce culte ;

Il a décidé que tous les citoyens seraient obligés de céder la voie publique aux prêtres et aux
iidèles catholiques lorsqu'ils sortiraient proces-
sionnellement de leurs temples ;

Il a voulu aussi qu'on fût obligé de tendre son
habitation sur leur passage, etc., etc.

Je rapporte ces mesures sans les approuver,
ni les improuver. On a souvent prétendu qu'elles
décélaient des vues ambitieuses bien plus que
des sentimens religieux ; qu'on s'était occupé,
non des intérêts de la religion, mais de ceux de
l'église ; qu'il s'était agi, non point de donner
un appui à la morale, mais de se procurer sur
les masses un grand moyen de domination. Je
ne prétends pour mon compte absolument rien.
Je vous livre ces actes et ne les juge point : je

vous prie seulement de les considérer vous-même, et de vous rendre, au fond de votre conscience, un compte impartial de l'effet qu'ils ont dû produire. Croyez-vous qu'ils aient véritablement servi la religion? Croyez-vous même qu'ils aient servi le clergé? Ne pensez-vous pas qu'en voulant lui donner une grande prépondérance politique, on a beaucoup diminué sa considération et son influence morales? N'avez-vous pas remarqué qu'une des choses pour lesquelles la population de ce pays éprouve, à tort ou à raison, l'aversion la plus prononcée, c'est le despotisme sacerdotal? N'êtes-vous pas enfin persuadé que, chez nous, on affaiblit la religion de tout le pouvoir matériel qu'on veut donner à ses ministres? Décidez ces questions, Monsieur, et si, comme vous le dites et comme je le crois, l'intérêt de la religion vous touche, jugez s'il vous convient, sous ce premier rapport, de laisser votre confiance au parti qui se dit exclusivement le protecteur, l'ami de la religion.

Après les intérêts du ciel, il n'est chose au monde dont ce parti veuille paraître plus occupé que des intérêts du Roi, du maintien du trône, de l'affermissement de l'ordre public. J'écarte encore l'idée que tout ceci ne soit qu'une affiche destinée à leurrer les bonnes gens; j'accorde

que le parti a véritablement à cœur de faire régner la paix, d'affermir l'autorité légitime. Ce
n'est pas, comme vous savez, qu'on ne pût no-
ter dans sa conduite de nombreuses infidélités
au Roi, de notables infractions à l'ordre; et les
hommes qui, en 1819, déploraient si amère-
ment la modération des libéraux, qui regret-
taient de ne pas trouver en eux un parti *violent*
et *désavoué*, qui leur reprochaient de ne pas
procéder *par entreprises* et *par secousses*, qui
se plaignaient de ce qu'ils ne poussaient pas de
cris, de ce qu'ils ne versaient pas *de sang*, de
ce qu'avec eux il n'y avait pas de guerre ni à
craindre, *ni à espérer* (1); des hommes qui,
depuis, n'ont cessé de provoquer les proscrip-

(1) « Du moins, s'il s'agissait ici d'un parti *violent*
» *et désavoué* (c'est des libéraux qu'il s'agit); si nous
» avions affaire *à des Guises ou à des Gracques*, les choses
» pourraient aller autrement : Le principe serait mena-
» çant, mais nié; la conspiration serait publique, mais
» combattue; elle marcherait tête levée, *mais par des*
» *secousses, des entreprises, des guerres civiles*, et
» l'état trouverait des chances de salut dans les vicis-
» situdes de la guerre. Mais ici vous n'avez de guerre
» ni à craindre, *ni à espérer*. Ce n'est pas un plan de
» campagne que fait l'ennemi........ *pas un cri, pas*
» *une goutte de sang......* *Ne craignez pas un 10 août*

tions et les coups d'état, qui dernièrement encore, demandaient qu'on frappât les orateurs, et qu'on renversât les tribunes, ces hommes, dis-je, pourraient bien avoir fait naître des doutes sur la sincérité de leur respect pour l'ordre, sur la vérité de leur attachement à la dynastie. Mais enfin je ne veux pas plus en élever sur leur loyauté que sur leur piété; je les tiens pour également bons chrétiens et bons royalistes. Je vous demande seulement s'il ne vous semble pas qu'à force de travailler comme ils le font à affermir le pouvoir du Roi, ils pourraient finir par ébranler sérieusement son trône.

Je n'entrerai point dans le détail des mesures par lesquelles ils ont entrepris de le consolider. Je vous engage seulement à juger ces mesures par leurs conséquences, et à comparer la situation où le gouvernement se trouve avec celle qu'il a abandonnée il y a deux ans.

L'ordonnance du 5 septembre, et quelques-unes des mesures qui l'avaient suivie, avaient

---

» *ou un 20 mars. Pas un nom propre ne périra*, ils n'en » veulent qu'aux choses. »

(*Conservateur*, X^e livraison; pag. 446, article de M. de Frénily, nommé depuis à la chambre des députés, et siégeant au côté droit de la chambre).

opéré en sa faveur une sorte de miracle. La France perdait le souvenir des tristes conjonctures dans lesquelles il s'était rétabli, des milliards qu'avait coûté sa restauration, des humiliations et des violences qui l'avaient accompagnée. Seule, entre toutes les nations de l'Europe, elle ne demandait à son gouverment que de maintenir, de développer et d'affermir les institutions que lui-même lui avait données. Investie des moyens d'améliorer l'ordre existant, elle n'avait aucun intérêt à le détruire, et ne songeait qu'à l'approprier graduellement à ses besoins. C'est dans ce sens qu'elle usait de la liberté de la presse; c'est dans ce sens qu'elle procédait à l'élection de ses députés; toutes ses pensées étaient tournées vers des idées d'améliorations graduelles; toute son ambition était d'obtenir, l'une après l'autre, et dans un temps indéfini, les réformes que pouvaient réclamer ses véritables intérêts.

Que, dans ce système, on n'eût pas de révolution à craindre, c'est une chose si visible qu'il serait puéril de s'arrêter à le démontrer. Ce système était si loin de conduire à des révolutions, que le trône n'avait manifestement commencé à s'affermir que depuis que l'on avait commencé à le suivre. Il est de fait, et vous vous en sou-

venez sans doute, que depuis l'ordonnance du
5 septembre, depuis la loi d'élection, depuis la
loi sur la liberté de la presse, à mesure que la
nation avait acquis plus d'influence sur ses propres destinées, le gouvernement avait eu graduellement moins d'inquiétudes à éprouver pour
les siennes. Il est de fait que les esprits s'étaient
peu à peu calmés, qu'on avait cessé d'invoquer
le nom de Bonaparte, que les idées de change-
ment de dynastie étaient tombées, que la durée
du gouvernement avait cessé d'être douteuse,
que les efforts de l'opinion, loin de se diriger
contre son existence, ne tendaient plus qu'à le
modifier en vue de l'intérêt public.

Sont-ce là, dites-moi, les tendances actuelles?
La France est-elle aussi paisible qu'elle l'était
en 1819? S'occupe-t-on seulement d'améliorations à introduire dans nos institutions judiciaires et municipales? Que signifie tout ce que nous
voyons? Quelle est cette audacieuse apparition
du drapeau tricolore? Pourquoi ces annonces
de conspirations à La Rochelle, à Nantes, à Sau-
mur, à Béfort? Pourquoi ces rixes, ces rassemble-
mens, ces émeutes qui ont troublé la paix des principales villes du royaume? Voyions-nous rien de
semblable il y a trois ans? Le système qu'on
suivait alors provoquait-il les mêmes résistan-

ces ? Le gouvernement avait-il besoin pour se défendre de faire sabrer les citoyens, de les faire arrêter par centaines ? Je livre tout ceci à vos méditations. Vous désiriez, m'avez-vous écrit, le maintien du gouvernement : c'est à vous de voir si vous pouvez vous fier, pour le salut du roi, à la politique des royalistes ? C'est à vous de juger s'il était possible de lui susciter des ennemis plus redoutables que ces prétendus amis : examinez, je vous prie, si les deux choses qu'ils ont le plus la prétention de défendre, la *religion* et la *légitimité,* ne sont pas celles qu'ils ont le plus gravement compromises.

Quant à d'autres intérêts, pour lesquels ils ne croient pas nécessaire de montrer la même considération, mais qui sont pour nous d'une grande importance, vous savez comme ils sont protégés et défendus. Parlons un peu de l'économie qu'ils mettent dans les dépenses : le sujet nous touche de près, puisque ces messieurs font ici les affaires avec le plus clair de nos revenus. D'ailleurs, nous pourrons être éclairés par là sur beaucoup de choses, et peut-être trouverons-nous, dans l'examen du budjet, la clé de toute la conduite du parti.

On lui reproche beaucoup, depuis quelque temps, les destitutions qu'il opère. Ce reproche me semble injuste et mal avisé. Aucune opinion, et je ne doute point que les royalistes n'en soient une, aucune opinion ne peut gouverner qu'avec des instrumens qui lui soient propres. Tout parti qui s'empare de la direction des affaires a besoin d'avoir, au moins dans les postes influens, des hommes qui soient franchement de son bord ; et si le cours des événemens amenait les libéraux au ministère, je ne doute pas qu'un de leurs principaux soins ne fût de s'entourer de gens sincèrement disposés à les seconder. Je regarde même que ce serait leur premier devoir.

Je ne saurais donc voir aucun réel sujet de blâme dans les destitutions opérées par le parti qui gouverne, surtout si les nouveaux élus ne nous semblaient à nous récusables qu'en leur qualité d'*ultra*, et si ce n'était point de malhonnêtes gens, dans le sens vulgaire de ces paroles. Mais si, par hasard, il n'y avait eu de changé que des noms propres ; si, en destituant les hommes, on avait eu la précaution de ne destituer aucuns abus ; si l'on s'était au contraire efforcé de les accroître, oh ! alors la chose changerait de face et voudrait être autrement considérée. Tant que des hommes, arrivant au pouvoir, ne font que s'entourer d'hommes de leur opinion, il n'y a rien à dire ; mais si, après avoir appelé à eux tous leurs amis , il leur prend la tentation de maintenir tous les désordres dont profitaient leurs devanciers , et qu'ils y succombent , une conclusion se présente naturellement, c'est que les nouveaux venus ne valent pas mieux que ceux dont ils ont pris la place : ce sont des ambitieux d'une autre sorte, mais ce sont toujours des ambitieux.

Je ne sais pas, mon cher monsieur, ce que vous conclurez après cela, de la conduite des gens qui nous gouvernent : mais je ne puis pas vous dissimuler que, s'ils ont horreur de certains employés, ils ne montrent d'aversion pour aucun emploi ; que s'ils renvoient force préfets, ils ne renvoient aucune préfecture. Les dépenses vont toujours leur train ; le budget suit majestueusement sa progression annuelle : de 875 millions en 1820, de 896 en 1821, il est en 1822 de plus de 912 ; nous ne faisons pas un progrès qui n'entraîne un accroissement correspondant de profusions, et si, à force de peine, vous augmentez vos rentes d'un écu, le gouvernement ajoute cinquante sous à sa dépense.

Je ne vous détaillerai pas l'emploi du milliard que, bon an mal an, le côté droit nous enlève. Messieurs de la gauche se plaignent de ne le pas bien savoir, et vous sentez que je dois en core moins le connaître. Mais enfin, il y a quelque chose de bien clair, c'est que, non compris les octrois et d'autres charges, d'une manière directe ou détournée, le parti prend annuellement pour ses gages un milliard approchant sur nos revenus; c'est qu'il entend que cela dure; c'est qu'il prétend que le mal croisse, puisque le budget va toujours croissant; c'est qu'il veut maintenir l'ordre admirable établi par Bonaparte et perfectionné par lui, la centralité de l'administration, l'intervention du gouvernement dans toutes les affaires, la multiplication des emplois, le taux exorbitant des salaires, le haut traitement surtout des états-majors et des fonctionnaires de première ligne, de manière à procurer les moyens d'avoir une cour, non pas au roi seulement et aux princes, mais aux ministres, aux directeurs-généraux, aux préfets; afinqu'à tous les degrés de la hiérarchie, la nation puisse voir avec quelle noble magnificence elle entretient les gens qui lui font l'honneur de la gouverner. Or, c'est ici le trait le plus saillant du système que suit le parti; je vous engage à en tenir note.

Un autre trait non moins marqué de sa politique, c'est qu'en perpétuant les abus, il semble vouloir s'en assurer l'exclusive possession, ce que d'autres gens trouvent d'une tyrannie extrême. Cet esprit exclusif lui est particulier ; il caractérise la noblesse de race ; la noblesse par grâce, comme on l'a appelée, n'en était pas au même point infectée. « Le mouvement était ascendant dans l'empire, a écrit l'empereur ; ce mouvement agitait toute la nation ; elle se soulevait pour s'élever ; » c'est-à-dire, pour parler moins noblement, que tout le monde aspirait aux places, ce qui n'est pas toujours s'élever, et qu'on y arrivait à peu près de tous les étages. Cette disposition, loin de s'affaiblir, s'est accrue. Le parti la trouve détestable, et à bon droit : c'est l'égalité, dit-il, c'est la révolution ; il n'y a pas moyen de gouverner dans un pays où tout le monde veut être du gouvernement.

J'accorde que la convoitise des places, si elle n'est une passion de vilain, est au moins une vilaine passion et fort pernicieuse. Il y aurait un moyen bien simple de nous en guérir tous : ce serait de supprimer les places ; mais vous concevez que ce ne serait guère le compte de ceux qui ont eu tant de peine à s'en faire envoyer en possession. Ceux-là veulent les conserver, et empêcher qu'on les convoite ; ils veulent lever un milliard, avoir une cour florissante, multiplier les grands emplois, y attacher de gros ap-

pointemens, et n'exciter ni l'envie des ambitieux, ni les plaintes des contribuables. Or,
cette entreprise est infiniment plus mal aisée;
elle me paraît si difficile que je la tiens pour
impossible. Toutefois, le parti a entrepris de
la réaliser. C'est, à ce qu'il semble, l'objet es-
sentiel de sa politique.

De là, si je ne me trompe, les notes et les
invocations secrètes adressées à l'étranger; de là
toutes les intrigues contre la précédente loi d'é-
lection; de là, le singulier privilége donné au
parti par celle qui existe; de là, la loi sur les
circonscriptions électorales; de là, le dégérve-
ment de l'impôt foncier; de là, enfin, toutes
les mesures qui ont eu pour objet d'assurer au
parti une majorité fixe dans la chambre. De là,
les plaintes animées qu'excita, dans son ori-
gine, la loi de l'avancement militaire, et les
ordonnances qui en ont modifié l'exécution; de
là, le projet présenté l'an dernier sur l'organisa-
tion municipale, projet qui mettait clairement
le parti en possession du système d'administration fondé par l'ex-empereur; de là, tant d'efforts
mal déguisés pour arrêter les progrès des classes
inférieures; de là, des missions plus propres
à entretenir ou à ranimer la superstition qu'à
répandre la véritable instruction morale et re-

ligieuse; de là, des agressions continuelles contre
des méthodes d'enseignement, qui n'ont d'autre
tort que de propager trop vite et trop sûrement
l'instruction; de là, des tentatives faites pour re-
mettre l'industrie sous le joug des maîtrises
et paralyser les forces de cette puissance créa-
trice, qui multiplie les fortunes et accroît sans
cesse le nombre des aspirans à la vie et aux
fonctions politiques; de là, le mot insolite et
peut-être insolent de *classes*, introduit dernièrement dans une loi, et des précautions sans nombre pour mettre celle qui a envahi le pouvoir
à l'abri de toute imputation fâcheuse, etc., etc.

Que, par l'ensemble de ces mesures, le parti
dont j'examine la politique, n'ait eu réellement
d'autre dessein que de se perpétuer, à l'exclu-
sion de tous autres, dans l'exercice des fonctions publiques, avec la jouissance d'un milliard
d'impôts et la facilité de les augmenter encore,
c'est ce que je ne veux point affirmer : il y a
toujours de la témérité à prononcer sur les in-
tentions, surtout quand on parle d'une nombreuse réunion d'hommes. Mais si tel n'a pas
été le dessein des individus, telle paraît être,
au moins, la tendance des actes. Considérez
d'ailleurs que, dans le parti dont je parle, on
a eu, de tout temps, le plus parfait mépris pour

les professions industrielles ; qu'on y affuble de sobriquets dérisoires les électeurs livrés à de semblables professions (1); qu'on y prend encore des lettres de relief pour fait de commerce ; qu'on y dit enfin, en pleine assemblée, que les hommes d'une certaine classe ne peuvent pas créer, entretenir, réparer leur fortune par le travail (2); que par conséquent, ces hommes ne sauraient se passer de places ; que par conséquent, ils ont besoin, tout-à-la-fois, et de s'en assurer le monopole, et de les multiplier à mesure que la classe croît et multiplie, et d'enfler progressivement le budget des dépenses.

C'est, Monsieur, à la majorité du corps électoral, juge naturel de la majorité qui nous gouverne, d'apprécier un tel dessein, s'il existe, et les moyens d'exécution dont il requiert l'emploi.

Inculquez-vous bien dans l'esprit, d'abord, que notre première, notre plus pressante nécessité,

(1) Témoin la qualification de *marchands de marrons* donnée aux électeurs qui ont nommé M. de Corcelles, député de Lyon.

(2) On ne peut avoir oublié ce que dit à ce sujet M. de Labourdonnaie, dans la session de l'année dernière.

c'est de diminuer les dépenses de gouvernement.
Il n'y a, sans cela, ni prospérité, ni repos, ni
liberté à attendre pour ce pays. Un peuple qui
dissipe le tiers de ses revenus en frais de gouvernement, ne saurait obtenir, à ce prix, que
le despotisme, l'anarchie, la ruine : tout cela
est implicitement renfermé dans son budget,
et il ne faut assûrément pas une grande saga-
cité pour s'en apercevoir.

Ne vous semble-t-il pas bizarre, dites-moi,
de voir les gouvernemens devenir plus chers, à
mesure que notre espèce se polit et devient
meilleure ? Visiblement, c'est le contraire qui
devrait avoir lieu. Le simple bon sens indique
qu'à mesure que le monde est moins idiot et
moins méchant, l'action des gouvernemens devrait être plus simple et moins dispendieuse.
Mais point ; elle s'étend au contraire, s'agrave,
se complique, et enchérit d'autant plus que les
arts et les mœurs se perfectionnent davantage,
et qu'à tous égards la société aurait moins besoin d'être gouvernée.

On nous dit qu'à mesure que la société fait
des progrès le nombre des ambitieux augmente,
et que le gouvernement a besoin de plus de force
pour les contenir. Mais qu'est-ce donc, s'il vous
plaît, qui fait les ambitieux, si ce ne sont les

déprédations des gouvernemens ? Que concevez-
vous de plus propre à les multiplier que le progrès toujours croissant de leurs dépenses ? Il serait doux pour eux, je le conçois, de pouvoir
se délivrer de leurs ennemis en étendant le cercle de leurs profusions; mais vous voyez bien
qu'ils ne peuvent ainsi qu'accroître leurs em-
barras; que plus ils lèvent d'impôts, plus ils
doivent exciter de plaintes; que plus ils répan-
dent de faveurs, plus ils fomentent d'ambitions.
Je trouve même très-heureux, à vous dire vrai,
que le nombre des prétendans au pouvoir excède
ainsi toutes les bornes, à mesure que ses dépenses sortent de toutes les proportions. Nous
ne devons pas attendre notre affranchissement
de la générosité des partis; mais nous le pou-
vons attendre peut-être de leur concurrence :
plus le nombre des ambitieux sera grand, et
plus nous aurons de chances d'être délivrés :
tant que nos ressources ont pu suffire à leur ra-
pacité commune, ils s'entendaient pour nous
dévorer de concert; mais réduits désormais à se
disputer nos dépouilles, et ne pouvant, d'aucun
côté, s'en assurer l'exclusive possession, ils seront peut-être conduits, par la force des choses,
à lâcher simultanément leur proie, et à adopter

une manière de vivre moins funeste à la société, et plus sûre pour eux-mêmes.

On dit que le gouvernement doit être rétribué comme tous les travaux. J'accorde que la société doit faire pour le gouvernement comme pour tous les travaux d'intérêt public, toute la dépense nécessaire; j'accorde qu'elle en doit payer la façon, ce que la façon en doit naturellement coûter; que si elle ne peut trouver de ministres qui s'en chargent pour moins de cinquante millions, elle doit payer cinquante millions; que si nul ne veut en prendre l'entreprise à moins de cent millions, il faut bien qu'elle accorde cette somme. Mais voyez-vous quelque solide raison pour qu'elle paie cent millions ce qu'elle pourrait faire exécuter pour cinquante? Trouveriez-vous même quelque difficulté sérieuse à ce qu'elle se fît gouverner pour rien, s'il se rencontrait, en assez grand nombre, des hommes dignes de sa confiance, qui voulussent se contenter de l'honneur de la servir, et qui vissent une suffisante récompense dans la considération élevée, dans la gloire pure dont les environnerait un si rare dévouement? Toute la question est de savoir s'il y a dans la société de tels hommes; s'il serait absolument impossible de se procurer de bons ministres à moins de

200 mille francs, de bons préfets à moins de 60 mille ? Or, cette question n'en est pas une, assurément. Les maires chez nous ne sont pas payés : manque-t-on de maires ? On ne paie pas les députés : quelqu'un refuse-t-il d'en accepter le titre? les fonctions des tribunaux de commerce sont gratuites : les affaires languissent-elles devant ces tribunaux ? En Angleterre, les lords-lieutenans, les coroners, les shériffs, les juges-de-paix ne reçoivent pas de traitement ; presque toutes les fonctions de l'administration intérieure sont purement honorifiques ; l'honneur qu'elles rapportent coûte même quelquefois assez cher ; quelques-unes sont très-fatigantes ; toutes sont soumises à une sévère responsabilité : les voies judiciaires sont ouvertes à quiconque croit avoir personnellement à se plaindre de la manière dont elles sont exercées. Manque-t-il de gens cependant qui consentent à s'en charger ? Sont-elles remplies avec peu de zèle ou d'intelligence ? N'est-il pas, au contraire, bien connu que, dans ce pays, la portion du service public qui se paie le moins est positivement celle qui se fait le mieux ?

Quelques personnes ont peine à comprendre comment des fonctionnaires qui ne sont pas payés, et à qui l'on doit, par conséquent, laisser le temps de vaquer à leurs propres affaires, peuvent suffire aux devoirs de leurs fonctions publiques. Moi, je comprends cela sans aucun effort. Les fonctions publiques se simplifient singulièrement quand elles ne sont pas payées ; on ne veut pas faire alors plus que sa tâche ; on n'aspire pas à se mêler de tout pour avoir l'air de gagner son argent. Ensuite, des places gratuites sont naturellement peu convoitées ; on n'a pas besoin de veiller jour et nuit pour empêcher que des ambitieux ne s'en emparent : plus de la moitié de la besogne est ôtée. Ah ! que de soins, de fatigues, d'agitations nous épargnerions à nos ministres, si nous leur donnions un peu moins d'argent ! Songeons-y, mon cher monsieur, je vous en supplie ; et, ne fût-ce que par amitié pour eux, nommons des députés qui les réduisent à la portion congrue : c'est en leur donnant tous les ans un milliard à dépenser que nous leur mettons sur les bras tant et de si fâcheuses affaires.

Mais la représentation ! les convenances ! l'autorité peut-elle se passer d'un peu de faste ? N'a-t-elle pas besoin d'en imposer aux yeux ? Un ministre serait-il sûr de régner vingt-quatre heures s'il ne donnait pas à dîner ? Jouirait-il de la moindre considération s'il n'avait ni palais, ni laquais, ni équipages ?... Rentrez un instant en vous-même, mon cher Monsieur, et jugez si votre considération pour vos magistrats tient à la figure qu'ils font à vos dépens ; si vous ne les respectez qu'en raison de ce qu'ils vous coûtent ; si la dignité personnelle, l'intégrité reconnue, la fermeté, les lumières ne formeraient pas, pour les fonctionnaires publics, un cortége assez imposant ; si tel député dont le talent, le zèle et le désintéressement ont éclaté aux yeux de toute la France, inspire en général moins de vénération, parce qu'il loge en garni, fait ses courses à pied et dîne chez le traiteur, que tel agent du pouvoir, que l'on paye fort cher quelquefois pour mal faire, par l'unique raison qu'il étale un luxe insolent, et dépense à lui seul les contributions d'une province.

Songez un peu d'ailleurs à quoi l'on s'engage en voulant donner à ses gouvernans les moyens de faire figure. Ce qu'il faut payer pour cela est considérable ; mais ce n'est rien en comparaison de la dépense où l'on est soi-même entraîné. A près avoir paré l'idole, on ne peut souffrir d'en être obscurci ; on lutte avec elle de faste ; il s'établit une rivalité d'ostentation depuis les premières classes jusqu'aux dernières, et la dépense que chacun veut faire est d'autant plus considérable que tout le monde est plus accablé par les contributions publiques. Aussi, trouvé-je que nos gouvernemens, tout écrasans qu'ils sont, nous font encore moins de mal par ce qu'ils nous coûtent, que par les exemples qu'ils nous donnent. C'est à force de leur procurer les moyens de faire figure qu'on a réduit les citoyens les moins aisés à ne pouvoir se passer, dans leurs habitations, de meubles de prix, de glaces, de gravures et autres ornemens coûteux. Tel est devenu le luxe des repas, depuis qu'on donne de si grands dîners chez les ministres, qu'il faut véritablement être riche pour avoir des étrangers à sa table, et qu'on ose à peine recevoir ses amis.

Vous êtes, dites-vous, dans la détresse. Le moyen qu'il en fût autrement, lorsque vos profits les plus liquides arrivent et viennent se consommer à Paris? Si vous n'avez pas le sou làbas, l'on ne sait ici que faire de ses capitaux; si vous marchez dans des ravins, nous avons de magnifiques promenades; si vos maisons tombent en ruine, Paris se remplit de nouvelles et charmantes habitations; ce que vous soustrayez à l'amélioration de vos champs vient alimenter nos fabriques de luxe, et tandis que vos paysans souffrent, tandis que leur nombre décroît, la

noble race des laquais et des courtisans pros-
père et devient chaque jour plus florissante et
plus nombreuse : jamais l'aristocratie des places
n'a brillé d'un plus vif éclat ; jamais elle n'avait
habité des hôtels plus somptueux, parcouru nos
promenades dans des chars plus élégans ; elle
nage au sein de l'abondance que vous lui avez
faite, et autour d'elle s'élève une multitude de
brodeurs, de passementiers, de doreurs, de car-
rossiers et d'autres artisans de luxe de toute sorte.
Ce n'est pas que votre prospérité ne pût assurer
bien mieux, et pour bien plus long-temps, celle
de la capitale ; et si quelques centaines des
millions que vous envoyez à Paris restaient
dans vos tristes provinces, et étaient livrés à la
reproduction, il n'est pas douteux que vous ne
fissiez bientôt aux marchands de Paris des com-
mandes infiniment plus considérables que toutes
celles que peuvent lui faire, avec votre argent,
la cour et tout ce qui marche à sa suite. Mais
enfin, si vous pâtissez, nous ne souffrons pas
trop, et tant que vous pourrez envoyer annuellement sept ou huit cents millions au trésor,
notre ville ne sera pas précisément à plaindre.

Reste à savoir, mon cher monsieur, si de tels
sacrifices vous seront long-temps possibles. Je
ne sais si votre capital n'en est pas entamé ;

mais il me paraît au moins bien difficile qu'il s'accroisse, et je ne comprends pas comment, après avoir payé vos contributions et pourvu à vos nécessités les plus pressantes, il pourrait vous rester quelque moyen d'étendre vos spéculations. Que parlé-je même de spéculations ? De temps immémorial, grâce au budjet et à ses progrès, les gens chez vous tournent perpétuellement dans le cercle étroit des mêmes travaux ; ils naissent et meurent dans la même médiocrité, et je ne doute pas que la fin de ce siècle ne trouve vos arrière-petits-neveux végétant aussi tristement que vous le faites. Du reste, il n'en faut pas davantage, suivant Montesquieu, pour la prospérité d'une monarchie, et les lois y ont fait assez pour le bonheur des sujets, du moment *qu'ils peuvent, sans périr, satisfaire aux besoins toujours renaissans du prince et de sa cour* (1).

Vous voyez quelques conséquences du système de la majorité, et ce qui arrive quand il y a dans un pays des classes qui rougissent du travail ; qui ne croient pas pouvoir honorablement prospérer par les mêmes moyens que tout le monde ; qui érigent en principe, par cela même,

____

(1) Esprit des lois, liv. V, chap. IX.

la perpétuelle nécessité d'un budjet énorme et toujours grandissant. Mais je ne vous dis pas du mal qu'il y a à cela, seulement la centième partie. J'écrirais des volumes si je voulais exposer ce que cette disposition ignoble de gens soi-disant nobles, fait perdre annuellement à l'industrie d'hommes et de capitaux; ce que cette perte énorme et sans cesse renouvellée apporte de retard au développement de nos richesses intellectuelles et matérielles; ce que le pernicieux emploi qu'on fait la plupart du temps de ces moyens ravis à notre culture, ajoute encore d'obstacles au développement de nos facultés; comment, en arrêtant les progrès de nos idées en général, on arrête aussi celui de nos idées morales; comment, en nous forçant à rester pauvres, on fait que nos goûts demeurent grossiers; quel trouble on met enfin dans nos relations mutuelles, combien on soulève d'ambitions, combien on fait naître de partis, quel aliment on fournit à leurs haines jalouses, quelles luttes homicides on provoque entre eux, quelle discorde surtout on entretient entre les citoyens et la puissance publique, et quels odieux moyens on donne à celle-ci l'envie de mettre en œuvre pour se soutenir.

Je vous engage, monsieur, à vous arrêter un

instant à cette dernière considération. Si vous voulez y prendre garde, vous remarquerez bientôt que la plupart des mesures politiques sont des lois de finances, et que, de près ou de loin, il ne s'agit presque jamais que de défendre le budjet. De là, après avoir rendu l'administration fiscale, tant et de si constans efforts pour rendre les institutions despotiques, pour en faire des instrumens destinés à légitimer les usurpations et les pillages; de là des lois d'élection frauduleuses; de là des corps législatifs muets; de là, sous le nom de jurés, de véritables commissaires; de là, l'abolition même de ce jury tout dénaturé, ou du moins sa compétence réduite à l'appréciation des faits qu'il importe le moins de lui soumettre; de là des conseils-généraux et municipaux élus par les autorités qu'ils doivent contrôler; de là finalement cette persévérance opiniâtre à repousser la lumière, à empêcher la discussion, à prévenir toute publicité.

Mais, à propos de publicité, avertissez donc charitablement votre voisin de sa méprise. Comment, bonnes gens, vous en êtes encore à regarder la liberté de la presse comme une question où les écrivains seuls sont intéressés? Mais l'injustice commise envers les écrivains n'est rien en comparaison de l'injure qui vous est faite, et votre indulgence pour les accapareurs de tous les modes de publication est chose vraiment inouïe. Votre voisin n'est pas de ceux qui écrivent; mais il est au moins de ceux qui lisent, et comment veut-il qu'on dépouille les écrivains sans atteindre les lecteurs? Tout gouvernement et tout parti qui tentent d'enchaîner la liberté de la presse, n'ont pas le tort seulement de dire aux écrivains : vous ne publierez que ce qu'il nous plaira, ils ont celui de dire à la nation, celui de dire aux masses : vous n'apprendrez que ce que nous voudrons; il est des matières qu'on ne discutera point, et sur lesquelles vous tiendrez pour vrai ce que nous voulons faire passer pour tel; il est des faits que vous ne pourrez connaître, et sur lesquels vous vous contenterez des documens que nous vous donnerons; vous ne lirez que nos gazettes; vous n'entendrez que nos orateurs, etc. Or, quel langage plus insultant peut-on adresser au public? Que peut-on lui dire de plus propre à exciter sa défiance et sa colère ? Pour moi, Monsieur, je serais seulement du nombre de ceux qui lisent, que je n'en tiendrais que plus fort à l'entière liberté de ceux qui écrivent; n'ayant pas d'opinion à soutenir, je voudrais les entendre toutes, afin de choisir, autant que possible, la meilleure. Je me défie des plaideurs qui ne veulent pas laisser parler leur adverse partie ; je me défie des gens qui crient toujours *la clôture*, et tout parti en possession du pouvoir, qui demande beaucoup d'argent et craint la discussion et la lumière, est à mes yeux un parti deux fois jugé.

Je ne vous en dis pas davantage : les détails dans lesquels je viens d'entrer suffisent pour vous éclairer sur les desseins de la majorité qui nous gouverne, et sur les moyens qu'elle est obligée d'employer pour les accomplir. Il est plusieurs de ces moyens que vous ne jugez pas, je crois, avec la sévérité convenable ; mais c'est que vous êtes abusé sur leur véritable fin : mieux instruit du but, vous aurez sans doute moins d'indulgence pour les mesures. Vous devez voir, que, sous les beaux semblans de religion, de morale, de légitimité, d'ordre public, il s'agit purement et simplement de fonder la domination d'une caste, et que si l'on ne peut imputer ce dessein aux hommes, on est forcé malgré soi de l'attribuer aux actions.

Nous déjouerons une telle entreprise, Monsieur, et j'espère que nous le ferons sans violences : il suffit pour cela de nous rappeler que les électeurs sont encore les maîtres des élections ; que s'il ne le sont pas, c'est tout à fait leur faute ; que c'est à le devenir qu'ils devraient employer toute leur activité, tout ce qu'ils ont de force intellectuelle et morale ; qu'enfin, s'ils ne sont pas capables de se mettre en possession de leurs droits, et d'en user convenablement, ils ne sont capables de rien, par la raison toute simple que qui ne peut le moins ne pourrait le plus.

Après cela, me demanderez-vous ce qu'il faut faire, et qui l'on devrait choisir ? Je n'ai qu'un mot à vous répondre : Tachez surtout de trouver des gens qui ne veuillent pas se faire du gouvernement une ressource. Plus on y regarde de près, et plus on est forcé de reconnaître que le véritable obstacle à l'établissement d'un ordre de choses raisonnable, c'est le défaut de probité politique : on songe à faire ses affaires, et non à établir un bon gouvernement. On sent bien qu'en se conduisant ainsi, on ruine la puissance publique ; mais chacun se flatte d'avoir le temps de faire sa main avant qu'elle s'abîme, et, en attendant, les désordres se perpétuent.

Tàchez donc, encore une fois, de trouver des gens qui aient assez de probité pour que le gouvernement ne soit pas tenté d'en manquer. Avec cela, votre affaire est faite, la paix publique est assurée ; sans cela, vous aurez alternativement du despotisme et de l'anarchie, tant que vous voudrez, plus que vous ne voudrez sans doute ; mais pour du bon temps, du repos, de la liberté, de la prospérité néant.

FIN.

DE L'IMPRIMERIE DE CONSTANT-CHANTPIE,
rue Sainte-Anne, n° 20.